넝쿨주의 보

이유민 시집

문학공원 시선 186

넝쿨주의보

이유민 시집

저기 좀 봐 벽을 넘어 나뭇가지 꼭대기에 올라가 머리에 난 뿔 흔드는 넝쿨을 뿔이 몇 개야 조심해 너도 언젠간 넋 놓고 있다가 돌돌 말려 시험에 들지도 몰라

문학공원

시집을 펴내며

하얀 내 마음의
가슴속 뜨거운 입김을
호호호 불어
목화솜처럼 부풀어 오른
하늘에서 내리는
흰 눈
그 떨림의 시로
그대의 겨울 빈 뜨락
마른 가지마다
찬란한 눈꽃을
피우고 싶었습니다

2020년 겨울

이 유 민

차례

1부
열쇠를 잃어버렸어요

2부

대천바다에 와보라

3부
느티나무그늘 아래서

4부

당신에게 못을 박다

차례

1부

열쇠를 잃어버렸어요

제한구역

너와 나 헤어진 말들이
먹구름 낀 하늘에서 잠시 내렸다 지나가는
소나기 같은 문장이었으면 좋겠다

눈에 넣고 서로 보듬지 않아
잡풀만 무성한 거기
친구들 사이에 헛소문만 무성한 거기
우리 틈에 거미줄로 얽힌 제한구역이 있다

햇볕 좋은 날엔 햇볕으로
바람 부는 날이면 바람으로
달이 뜨는 날이면 달빛으로
내 마음 무작정 페달을 밟아 건너가는
그곳이 있다

세상을 돌고 돌아
들판처럼 넓은 마음을 가진 부자가 되는 어느 날
우리의 경계경보는 해제될까

돌탑을 쌓으며

길가에 아무렇게나 굴러다니던 돌
바다에 퐁당 던져버릴까
발로 차 버릴까 생각했던 돌

외로운 날은 외로워서
기쁜 날은 기뻐서
슬픈 날은 슬픔을 올려놓고
멀대같은 남자에게 다쳐 아픈 날은
처음부터 다시 올려놓았다

믿었던 사람의 등을 보고
가슴 치고 울먹이며
공들여 쌓아놓은 것들을
다 무너뜨리던 날들도

돌아보니
아름다운 시간이었다

산산조각 난 지나온 세월의 돌들을
쌓아올리고 보니
사람들이 높이 우러러보는 탑이 되었다

수제비를 끓이며

비오는 날 비가 창문을 두드리듯
밀가루반죽, 추억덩어리를 치댄다

반죽을 치대니
삶의 길목에서 만난
이별도 사랑도 슬픔들도
말랑말랑 만져진다

치댈수록 쫄깃해지는 추억들
뚝뚝 떼어내 끓는 육수 속에 넣는다

육수를 머금고 추억들이 둥둥 부풀어 오른다
한 그릇 가득한 추억들을 떠먹으며
나는 비에 젖은 슬픔들을 말린다

빗소리를 뚫고 들려오는 옆집 피아노 소리가
유리창에 뽀오얀 음표로 찍힌다

약초즙을 담그며

오래 묵혀둔 늙은 항아리에
약이 된다는 백가지 풀들을 켜켜이 넣는다
잘 익으라고 달콤한 설탕과 먹구름을 걷어낸 햇살과
긴 기도로 채워 밀봉했다

흙먼지야 비바람아 벌레들아
눈을 돌려 비켜가거라
날마다 주문을 외웠다
시린 내 사랑 한 묶음도 꺾어 넣었다

항아리를 가만히 열어보니
어둠 속에서 뒤엉킨 몸들이 열기를 뿜는다
살다가 어느 한순간부터 뒤엉킨 삶의 뿌리들
실핏줄들이 줄줄 터지는 항아리 속 아린 시간이
기다림으로 흘러갔다

가을을 지나 겨울 항아리 속엔
진한 진액만 남아
고요한 시간이 흐르고 있다
내 사랑도 무르익고 있다

넝쿨주의보

그녀는 고정관념을 뛰어넘어 옆으로 기울기 엮기 꼬기 뒤집기 매달리기 선수야 여린 척 순진한 척 고고한 척 상냥한 척 거짓 눈웃음을 흘리지 은근하게 은밀하게 다가오는 따스한 손 잡지 마 돌돌 말려 가슴에 안기는 순간을 달콤한 사랑이라고 착각하지마 은근슬쩍 눈감아 누르는 윙크 한 번에 우직한 바위도 홀딱 넘어갔어 누구도 막을 수 없어 빈틈만 보이면 올라타기 선수로 돌변하는 저 징그런 열정 모두 그녀의 음모에 등을 내주는 포로가 되었어 저기 좀 봐 벽을 넘어 나뭇가지 꼭대기에 올라가 머리에 난 뿔 흔드는 넝쿨을 뿔이 몇 개야 조심해 너도 언젠가 넋 놓고 있다가 돌돌 말려 시험에 들지 몰라

모과를 보며

차 안에 놓아둔 모과
자동차 탈 때마다 상큼한 향기를
내게 전해주었었는데

가만히 살펴보니
한쪽이 검게 썩어가고 있다

자신이 아끼는 향기는 필요한 곳에 나눠주고
살이 썩어가는 모과

자식들에게 맛난 것 이쁜 것 다 내주고
당신은 아파 누워서도 자식 걱정으로 끙끙거리고
쭈글쭈글 앙상해져 볼품없이 늙어가는
우리 엄마 얼굴 같다

동행

남편과 함께 부여 고란사에 가기로 한 날
약속을 하면 이상하게 심술 할멈 같은 비가 따라왔다

구불구불 경사가 가파른 산길에서
이 손 잡아 남편이 내민 손에 내 눈웃음과 손 얹으며 생각한다

언젠가는 저 손 못잡는 날도 오고
여행 대신 추억을 넘기며 추억으로 사는 날도 오겠지
나와 동행해 주는 사람이 있다는 건
얼마나 큰 축복인가

우산을 쓰고 미끄러운 산길을 손잡고 가다보면
가파른 산길도
넘어지게 만드는 돌멩이도
옷자락을 적시는 비도
우리들 마음을 따뜻하게 붙여주는 고마운 인연임을
새삼 느낀다

고란사 뒤뜰 약수 마시면

3년 젊어진다는 해설사 설명에 약수 한 바가지 마시고

약수터 옆에 있는 소원 쓰는 소원지에
소원을 써서 걸어놓았다

내 삶이 견인되다

나를 주인으로 태우고
내가 가는 길이란 길은
언제나 고맙게 부릉 부릉 달려주던 너
도로 한복판에서 갑자기 의식이 없다

진땀 흘리며 시동을 몇 번이나 다시 걸어보았지만
묵언으로 빤히 나를 쳐다보고만 있는 자동차

매일 보면서도 힘들어하는 너를 못 보고
그저 나만 보고 달리고 있었구나
삶을 운행하게 하는 엔진 다 닳도록
무조건 달리라고 페달만 밟았구나
지친 네 몸을 토닥일 줄도 모르고
사랑을 받을 줄만 알았구나

언제나 옆좌석에 자리를 비워놓고
나를 기다리던 너였음을
사랑은 늘 마음을 다해
서로를 껴안으며 충전해줘야 함을
왜 몰랐을까

행복을 향해 달리던 내 삶이
예고도 없이 도로 한복판에 쓰러져
위험을 알리는 경적음을 울리며
통째로 견인되고 있다
내 삶은 어디로 견인되고 있는가

밥상을 차리며

어릴 적엔 엄마가 "밥 먹어라"하면
그 말이 사랑한다는 말 대신이란 걸 몰랐다

나를 깨우던 엄마의 그 소리가
잔소리로만 들렸었다
어른이 된 지금
내 딸에게 그 말을 되돌려주고 있다
요즘은 세상에 혼자 버려져 허기로 배불뚝이가 되어도
누가 밥상을 차려주지 않는다

지친 발걸음으로 돌아오는 허기진 날이면
김이 모락모락 피어오르던 엄마표 밥상이
눈앞에 아른거린다
투박한 뚝배기소리 같이 들리던
엄마의 그 잔소리가
다시 듣고 싶어진다

"어서 일어나 밥 먹어라"

과녁

피할 길 없다
그대가 내 눈 속에 꽂히는 것은

눈물로 박히는 네 아픔의 촉들이
내 온몸으로 전이 되어
피눈물로 눈 감아도

어쩌겠느냐 내 사랑인 것을

기다린다 오늘도
네 마음이 오롯이
내 심장을 관통하기를

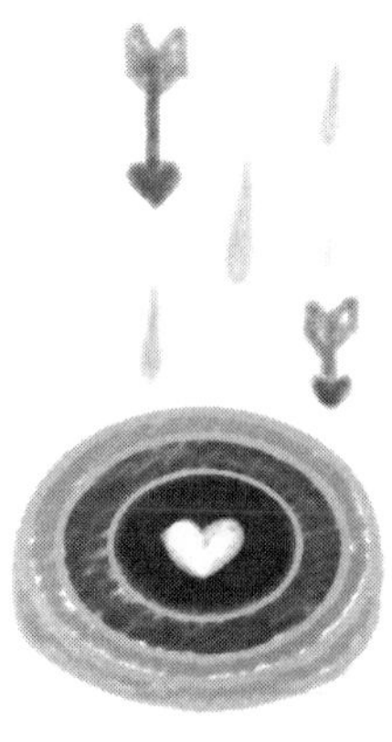

빈집

그대가 있어 아침이 오고
밤에도 불이 켜집니다

그대가 없으면
얼굴 반찬도 없이
저녁이 싱겁게 흘러가고
밤에도 불 켜질 일 없습니다

깜깜한 밤이 모로 누워
깜깜하게 지나갑니다

하늘아래 이 세상은
텅 빈 빈집이 됩니다

집으로 가는 길

월화수목금토일 날마다 오가는 길인데 내 발걸음은 뛰는 날도 있고 지쳐 흐느적거릴 때도 있다 비를 맞거나 찬바람이 눈을 가리고 마음을 우울로 쓸어 덮는 날은 거북이 느림보로 걷기도 하고 무거운 짐 들고 뒤뚱뒤뚱 걷기도 하고 슬픔으로 하늘이 무너지는 날은 울음보 터트리며 오가기도 했던 길 집으로 가는 길은 나를 언제나 어머니처럼 아버지처럼 반겨주고 기다려준다 내 걸음 소리 들으면 나의 기분을 점쟁이처럼 단번에 맞추리라 하루 종일 일하고 허기가 배를 채우는 저녁에도 골목을 지나 집 가까이 오면 발걸음이 가벼워진다 멀리 갔다 늦은 밤길을 걸어 돌아올 때도 집에 불이 켜짐으로 있으면 마음이 보름달처럼 환해진다 고구마 한 봉지 가슴에 안고 집으로 가는 길은 딸과 남편 얼굴에 함박웃음 귀까지 걸릴 생각에 행복이 달달하게 밀려와 총총걸음으로 걷는다

뻥튀기

거리 한 모퉁이에
뻥튀기아저씨가
동전을 찍어대듯
뻥 과자를 뻥뻥 튀겨댄다

뻥뻥 튀겨 나오는 얼굴만한 과자가
돈이었으면
뻥과자처럼 가볍게
뻥뻥 튀겨져
누구에게나
나눠줄 수 있었으면

뻥튀기 한 봉지 가슴에 안고 가며
세상을 한아름 안은 듯
내 입에서는
뻥 노래가 연달아 나온다
뻥 뻥 뻥…

열쇠를 잃어버렸어요

나이와 함께 기억도 늙나 봐요 늘 지니고 다니던 물건인데 행방불명이에요 지나가던 누가 주워주면 머리를 땅에 대고 절을 할 텐데 밤늦도록 아무 소식 없어요 내 기억 속에 지문 색깔 또렷이 남기고 어디에 숨었는지 모르겠어요 주머니 속에도 가방 안에도 차에도 방에도 온통 살림살이 다 들쑤시며 찾아봐도 꽁꽁 숨어 보이지 않는 그 얼굴 잃어버리고 잠도 안와요 세상에 오직 열쇠만 보여요 지나온 길 돌아보라고 그럴까요 뒤죽박죽 널브러진 살림살이 눈으로 마음으로 칸칸이 정리해 보라고 예고도 없이 떠났을까요 열쇠가 내 삶을 열고 잠가주는 소중한 것임을 잃어버린 다음에 깨달아요 후회해도 소용 없죠 찾으면 기억의 1번지에 모시려구요

거울 앞에서

늘 꿈꾼다
오십을 넘긴 지금도
더 이쁨을 아름다운 매력을 사랑을 행복을…

세월의 리모컨을 어린 시절로 누르면
내 눈동자는 위로 파란 하늘을 바라보며 어른이 되는 걸 꿈꾸었고

어른이 된 지금을 누르면
개구쟁이 어린 시절 동무들과
보리피리 만들어 불던 추억의 한 페이지가
뻥튀기 과자 같은 그리움으로 밀려와
입으로 물고 다시보기 할 때가 많다

고독은 옛날이나 지금이나
단맛 빠진 껌딱지처럼 징그럽게 내 뒤꼭지에 붙어있다
멍하니 혼자인 날은 묵은 고독을 떼내어 잘근잘근 씹는다
고독도 오래 씹다 보면
목구멍에 달큰함으로 걸릴 때가 있다

가끔은 긴 속눈썹을 붙이고 입술을 붉게 덧칠하며
롱 드레스를 장롱 속에서 꺼내 입고
거울아 거울아 누가 제일 이쁘니
오드리 헵번 포즈로 나에게 묻기도 한다

어느 날은 더 채워야 하는 하루를 휴식에게 반납하고
바다 앞에 갈매기로 훌쩍 날아가 파도의 리듬에 엇박자로 출렁이는
낭만파가 되기도 한다

오늘도 잔잔한 음악이 흐르는 카페에서
카페라떼 한 스푼에 행복이 달달하게 넘겨지고
내 앞에 앉은 그대의 검은 눈동자 속에
세상에서 제일 이쁜 여자로
뺄 수 없는 못처럼
콕 박히고 싶은 나

행복을 계산하다

슬픔은 덜더러 빼가라고 해요
아픔은 달더러 0으로 가져가라고 해요
기쁨만 한 아름 곱하기해 안고 오셔요
그대의 행복 더하기 나누기는
내 행복입니다

2부

대천바다에 와보라

텃밭에서

마당가 한눈에 들어오는 작은 텃밭에
상추 고추 무 가지 오이 아욱 배추 모종을
골고루 심었다

심심하면 채소들과
도란도란 사는 이야기 나누고
호미로 풀을 메고 풀도 뽑아주고
꽃피고 열매 달은 이쁜 것들 바라보리란 생각을
풀들이 흔들어놓고
벌레들이 숭숭 구멍 뚫어놓았다

몇 평 안 된다고 그저 크는 것이란 방심을
눈뜨면 올라오는 풀들이 덮었다
약 안하고 무농약으로 키우리란 꿈을
벌레들이 갉아먹었다

텃밭의 이쁜 열매를 보려면
아침에 일찍 눈 부비고 일어나
채소들에게 먼저 안부를 묻고 풀 뽑아주고
물주고 농약 대신 퇴비를 뿌려주고
밭고랑 줄줄이 일이다

<

그저 맺는 열매는 없다는 걸
끝없는 땀방울과 사랑으로
눈물같은 열매가 달린다는 진리를

오늘도 풀들이 벌레들이 하늘이
스승이 되어
텃밭을 오가는 내게 가르쳐준다

한내천에서

아버지
오늘은 집 앞 한내천에 나가
갈대밭을 바라봤습니다
솔밭에서 내려온 바람이
갈대숲을 흔들고 있었습니다

팔십이 안 되어
위암으로
서천 꽃밭에 돌아가신지 십여 년
지금은 꽃밭 어디쯤 계십니까

병아리 같은 옹망졸망한 새끼 눈망울들 위해
추울까 다칠까 밤낮없이 눈에 불을 켜고
허리 펼 날 없었던 당신의 삶
남몰래 흘려보낸 눈물의 눈금은 얼마만큼인가요
눈물을 퍼내고 퍼내도 마르지 않았겠지요

오늘은 어린 시절 나를 무릎에 앉히고
귀에 담아주시던 말씀이
한내천을 흘러가
몸을 합치는 대천바다

푸른 물결로 밀려옵니다

뼈마디만 남은 가시고기가 되는 줄도 모르고
당신의 살점을 아가미 아 아 아 벌리고
이제껏 받아먹기만 했던
어항 속 밥투정하는 철부지 물고기였습니다
나는

가시마저 내어주고
푸른 강이 되신 아버지
그 눈먼 사랑은
내 가슴 적셔주며 영원히 살아 있습니다
한 번도 두 팔 벌려 안아드리지도 못하고
주신 사랑 백분의 일도 되돌려 드리지 못한 회한이
저녁 물결 위에 노을빛으로 붉게 걸립니다
끼룩끼룩 갈매기 울음소리
강을 휘돌아 메아리칩니다

그림을 그리며

쏙 스며들고 싶다
무궁의 흰 화선지를 펼치면

그르칠까 떨리는 붓끝
햇볕과 바람을 훑어보기도 하고 흘끔 달빛도 베낀다
마당가에 핀 봉숭아꽃 따다 물들여 그린다

그대 눈빛이 동그랗게 걸리는
걸작이 나오려나

꽃집 앞에서

꽃집에서 나오는 사람들은
꽃보다 향기가 난다

꽃집에서 나오는 사람들은
꽃보다 행복해보인다

꽃을 닮아서일까
꽃들이 어둔 마음 구석을
쓰다듬어 주어서일까

나도 누군가에게
꽃다발 한 아름 안겨주고 싶다

꽃처럼 활짝 핀 미소를 띠우는 그대에게
핑크빛 리본을 달아주고 싶다

대천바다에 와보라

바람 부는 날엔 무작정 대천바다에 와보라
일상을 빈 집으로 자물쇠 채우고
가벼운 구름으로 날아와
나이도 시계도 사랑도 잊고
청정한 바다 앞에 앉아보라

그대를 울리고 간 미운 사람도
지워지지 않는 걱정거리도
채워지지 않는 적금통장도 바다에 퉁 던져버리고
푸른 물결로 말갛게 표백해보라

파도에 부대끼면서도 둥글게 사는 몽돌도 만져보고
갯벌 속에서도 알차게 사는 조개도
소라도 진주도 캐보고
낙지도 해삼도 꽃게도 놀래미도
무럭무럭 옹골차게 키우는
바다의 깊은 속내를 마음 속 주머니마다 채워보라

살면서 지치고 무거워진 어깨를 토닥토닥 토닥여주는
파도의 매운 명상의 말씀도 들어보고
비우면서 넉넉해지고 싱싱하게 일어선 푸른 물결 위에

활기찬 생활로 시동 걸며
통통통 달리는 돛단배도 타보라

밤이 오면 별도 달도 바람도 물새도 바다에 마실 나와
흠뻑 시린 가슴 적신다
흐린 마음 청정하게 씻은 갈매기들도
삶을 뜨겁게 껴안고
저 넓은 해원을 그리며
훨훨 날으는

성주산 편백나무숲의 가을을 담다

성주산은 어서 오라고
구불구불한 곡선의 가을 숲길로
나를 초대한다
호젓이 혼자 걸어도 좋은 화장골
달큰한 바람이 성주산 입구까지 마중 나왔다
일상에서 묻은 티끌 오욕들을 헹궈내라는 듯
눈으로 마음으로 흘러들어오는 계곡물
가슴이 시원해진다 맑아진다
새들은 나뭇가지에 앉아
즐거운 듯 행복한 듯 노래 부르고
지나가는 귀여운 다람쥐 반갑다 꼬리를 흔든다
숲은 응달진 구석까지
푸르게 붉게 노랗게 단장한 가을을 들여놓고
숲길에 잎잎이 깔아놓은 단풍잎까지
고이 밟으라 한다
명상에 잠긴 듯
고요고요 성주산 깊은 골짜기 화장골
고운 빛깔로 절정에 선 단풍을 오래 보고 싶어
마음 속 카메라로 찰칵찰칵 찍는다
들숨 날숨 고르며 계곡에 잠시 멈춰서서
두 팔을 벌리고 활짝 편 가슴에

숲의 달달하고 청정한 공기 빼곡히 채운다
울울창창 우거진 화장골 편백나무숲
내 한 몸 들어설 자리
내주지 않을 것 같은데
안으로 들어갈수록
아늑하다 향기롭다
나무에 기대기도 하고
의자에 앉기도 하고 그네도 타고
숲은 어머니 품같은 쉴 자리를 끝없이 내준다
수천 년 땅에 뿌리를 박고 곧추서서
그늘 울타리 엮어주는 나무들
멀리서도 높이 눈을 들어
거룩함으로 우러러보게 된다
사랑과 포용을 무한대로 가지 치는 저 나무들
아아 바람 부는 세상을
온몸으로 으스러져라 품어주고 있었구나
그렇게 숲은 누군가에게 평온을 선물하고 있었구나
나도 이 숲에서 한 그루 고요한 나무로 눈감아본다
보듬지 않아 벌레 먹고 깊이 멍울 든 내 영혼에
푸른 평화가 깃들어온다

종소리

오늘도 수천 번
내 가슴을
둥신아 둥신아 때린다

산이 울린다
하늘이 울린다

멀리 있는
내 사랑아
눈감고
들어다오

풍경소리

소나무 숲을 건너온 바람이 풍경을 친다
지나가던 다람쥐 두 귀가 쫑긋 선다
산나리꽃이 활짝 핀다
골짜기로 흐르는 물의 볼륨은 높은음자리표
새들은 날개를 들썩이고
도토리가 톡 내 앞에 떨어졌다

산을 오르는
내 지친 마음이 맑게 갠다

봉성리 문화예술마을 사람들

보령댐 맑은 물길로 이어진
호수 길을 따라가면
대한민국 최고봉 시인들의 시비가
사람 대신 줄줄이 문지기처럼 서서
봉성리마을 길을 연다

쩌렁쩌렁 망치를 두드려
음각을 파는 석공에 장인의 꿈 조각들이
햇살에 반사되는 호수의 물결마다
꿈결처럼 반짝반짝 서걱인다

사랑스런 자식처럼
봉성리 논과 밭 황금물결로 키우고
순박한 인정의 웃음꽃 넝쿨
담장마다 피워 올리는 봉성리 사람들

노령의 나이도 잊었다
자투리 시간 틈틈이
봉성리문화예술학교에 다닌다
시와 예술을 익히는 봉성리 사람들 눈빛이
밤하늘 별빛처럼 반짝거린다

<

보령댐 푸른 물결이 눈으로 심장으로 흘러
아득히 잠든 문화예술의 씨눈 틔웠나 보다
열심으로 지성으로 문화예술을 꽃피워
봉성리 마을 사람들은
시인 아닌 사람 없고 예술가 아닌 사람 없다

역사는 꿈꾸는 사람들의 것
역사는 열망이 만드는 걸작품

문화예술을 사랑하는 사람들이
더불어 문화예술 숲을 일군 이 마을을
사람들은 봉성리 문화예술마을이라 부른다

대천항

섬들을 옹기종기 이웃으로 불러
철썩철썩 이야기를 나누는 바다
끼룩끼룩 날아오르는 갈매기
뱃일을 마치고 돌아오는 어부의 눈시울에
저녁노을이 붉다

밭고랑처럼 주름진 얼굴의 늙은 어부는
노을진 골목을 휘돌아
샘가에 생선 쏟아놓는다
펄떡펄떡 뛰는 싱싱한 생

아버지를 기다렸던 아이들의 웃음소리와
찌개를 끓이는 아낙네의 설레임이 둘러앉아
도란도란 나누는 식구들 이야기소리
담장 너머에는 바다가 푸른 파도 건반을 눌러
화음을 넣어준다

어둠이 내려오고 있는 항구
별빛 같은 전등이
따뜻하게 하나둘 켜지고 있다

참새에게 묻다

날마다 내게로 날아오기 힘들지는 않니
아침을 물고 조잘대는 하루가 버겁지는 않니
밋밋한 그날이 그날 퍼득이는 날개 무겁지는 않니
오늘은 흐린 날이니 맑은 날이니

아침은

어둠으로 덮을 수 없었던 근심을
눈뜨며 거짓말처럼 잊어버리라 한다

같은 곳에서 매일 만나는 얼굴에게도
하늘에게도 구름에게도 나무에게도 꽃에게도
처음처럼 웃는 얼굴로 눈인사 하라고 한다

다시 시작이라고 힘내라고
둥글게 붉은 해를
눈부시게 하늘 높이 걸어놓는다

산에 오르며

산에 오른다
오르다보면 손에 쥔 봉지도 무겁다
등에 진 배낭도 내려놓고 싶다
바쁘게 올라가니 숨이 가쁘다
높이 오르고 싶은 뾰족하게 솟은 내 욕심이
산 중턱에서 주저앉았다

저 높은 꼭대기까지 오르고 싶은 욕망들
오르면 오를수록 버리고 싶은 짐들이 줄 선다
산에 오르며 가진 것 하나씩 내려놓는다

가벼운 마음 하나 붙잡고 올라간다

바다는 잠 못 이루고

아득히 먼 밤하늘
은하수로 너에게 건너가는 내 마음을
어찌할까

사랑은 때때로
내가 어쩔 수 있는 것이 아니어서
알 수 없는 먼 거리 지구 한 모퉁이를 떠돈다

이 망망대해를 돌며
갈매기의 쉼 없는 날갯짓으로
내 혼이 너에게 가고
냉가슴 때리며 고함치는 파도소리로
네 이름 수천 번 부른다

그리움으로 깊은 밤
잠 못 이루는 파도의 물결로
슬픈 어둠을 지우고
다시 하나의 밀알로 태어난 새벽
해맑은 아침 해로
너에게 가고 싶다

병원에서

병원에 오면
이 세상 사람들은
다 아픈 환자가 된다

환자들이 눈으로 입으로
온몸으로 말한다

먹고 자고 눕는 쉬운 일이
쉬운 일이 아닌 순간은
죽음과 같다고

콩깍지

김치냄새 생선냄새 땀냄새 범벅이어도
기우뚱 기우뚱 느림보 바보처럼 걷는 발걸음 소리도
퇴근길 이천 원짜리 붕어빵 한 봉지 안겨주는
가난한 그대여도
알콩달콩 그냥 좋기만 한걸요

세월 흘러도 그대,
내 깍지
그냥 이대로 벗기지 말아줘요

장작

너를 만나는 것은
나를 비우고 비우는 일
나를 훌훌 태우는 일
어쩌면 내 생의 절정 불꽃 피우는 일

불을 지펴라

바다는 사랑을 꿈으로 수놓고

그대가 가고
아침이 밤이 되었습니다
그대 생각만 까맣게 깊어졌습니다

새벽이 되어
우리의 뒷이야기가
가슴 속에서 후렴구로 물안개 피어오릅니다

끝없는 사랑으로 모든 물결을 받아주며
영원으로 흐르는 바다는
어제의 물결을 지우고
온몸으로 진흙을 물들여
오늘의 물결을 짭니다

내 가슴에 그대가
다시 넉넉한 사랑으로 감겨옵니다
먼 훗날 그대와
아름다운 해후를 위해

오늘은 이 바닷속에

작은 물고기로 환생한 나를 띄우고
내 속에 있는 나를 찾아
끝없는 길을 떠납니다

빈 그릇

내 속을 깎고 깎아
욕심을 다 비웠습니다

당신에게 내 마음 고봉으로
얹어줄 수 있어서

당신으로 채울 수 있어서
행복합니다

3부

느티나무그늘 아래서

가시나무 연가

내 속엔 가시가 많은가 봅니다
다가가면 어느 틈에 찔려
아파하는 당신을 봅니다

시침이 자정을 지나도
잠 못 이루고
당신 몸에 옮겨 붙은 가시가
다시 화살이 되어
내 심장에 꽂힙니다

사랑은 아픈 거라고
아픔도 절반으로 나누자고
이 밤이 다 가도록
당신은 뽑히지도 않고
내 속에 어쩌자고
가시로 들어와 있습니까

봄을 심다

버리지 못한 고집 욕심 게으름
쓰레기로 버리고 새로이 마음 심겠네

초심으로 돌아가 마음 비운 여백에
새 씨앗 심겠네

강아지든 새든 꽃이든 나무든
눈 속에 넣고 심어보겠네

질투와 미움으로 멀어진 사람과
눈웃음 나누며 큰사랑 심어야겠네

가시연꽃

진흙탕 물속에 뿌리내려도
썩지 않는 푸른 잎 엮어가는 꽃
심장에 꽃등 켜고 날마다 기다림으로 서있는 꽃
살아있는 날까지 혈맥에 가시를 꽂고
석불처럼 견디는 꽃

억겁을 지나도
물 먹은 신성한 꽃으로 남고 싶은 내 사랑

가을꽃

네게로 가는 먼 길엔
기쁨과 슬픔이 가지가지 피었었지
너를 만나지 못하고
바람처럼 떠돌다
계절이 쉬는 간이역에 앉으면
꽃필 때 피지 못하는 아픔만
서럽게 지고 있었어

모두가 지는 늦가을
나는 혼자 꽃핀다

가슴 가득 사랑 품고 살다보면
우리 향기 진한 꽃으로
언젠가 다시 만날까

갈대

지금껏 사랑이라 부르던 이름들과 결별하고
낯선 바다 기슭으로 떠밀리다 보면
더 낯선 눈들만 만난다

지금껏 살아온 지구가 진흙탕 속으로 곤두박질치고
혼자 기대어 울 곳도 없어
작은 벌레처럼 깜깜한 구멍 속으로 기어들어가고 싶다

사람이 사람이 아니고 사랑이 사랑이 아닌
수렁 속으로 푹 푹 빠지며 손 흔든다

수많은 사람 속에 사람이 그리워
수많은 사랑 속에 사랑이 그리워

감자꽃 피다

창문 없는 지하실
무관심으로 버려진 감자의 눈들이
독을 품었나 보다
껍질 밖으로 튀어나왔다

어둠 속에 갇혀
생의 비상구를 찾느라
얼마나 더듬고 발버둥쳤을까
속이 뭉그러지고
겉은 쭈글쭈글 늙어버렸다

햇볕 한 줌 들지 않는
냉기만 흐르는 지하실 구석 박스에
독 오른 내 사랑
감자꽃이 피었다

봄은

겨우내 웅크리고 얼어붙었던
시냇물 졸졸졸 흐른다

가지마다 새 잎이 움트고
솜사탕처럼 달콤한 햇살 받으며
옹골진 줄기 뻗는다

농부가 아니어도 뜰에 채소 심고 꽃씨 심고
새들은 나뭇가지에 앉아 희망을 속삭이고 있다

꽃샘바람 불어도 괜찮다
비가 와도 괜찮다

겨울을 넘어온 그대가 눈물겹다
다가오는 모든 것이 이쁘다

까치밥

잎 떨군 감나무
빈 가지 꼭대기
설익은 감 하나 남겨놓았다

떫은 내 사랑
비와 바람과 햇볕과 서리 속에서
선홍색 홍시로
숙성되어 무르익으면

까치가 되어 날아올까

오늘도
까치발로
감나무 꼭대기
올려다본다

민들레 홀씨

높고 빛나는 욕심 떨궈내니
푸른 하늘아래 내 몸은
깃털처럼 가볍다
좁은 보도블록 틈이라도
넘어지는 자갈길이라도 좋다
눈 감고 뛰어넘는 절벽에 꽃 피어도 좋다
그 어디든 훨훨 못 가랴

바람아 불어라

플라타너스 연가

오늘도 기다림으로
가지를 뻗는다

쫑알거리는 너의 소리에
아침이 오고 저녁이 지나감을 안다

방랑자의 날개를 가진 새여
되돌아올 수 있는 거리에만 있어라

지치고 고단한 네 어깨
여기 와서 뉘어다오

가끔 사정없이 쪼아대는 너의 부리에
관절이 아파 바람소리로 비명을 질러도

네 곁에서 입도장 찍히며
한세상 죽도록 살고 싶다

느티나무그늘 아래서

늦가을 오후 느티나무 그늘 아래
떨어진 나뭇잎이 바스락 거리듯
늙은 내가 서 있었다

내 동그란 눈동자 속으로
들어오지 않는 그대를 기다리며
이마에 몇 줄 주름이 그어졌다

세상 사람들은 다 어디로 떠나가 보이지 않고
하루가 그대 생각 하나로
느티나무 잎사귀처럼 푸르게 출렁거렸다

느티나무 그늘에 앉아
오지 않는 그대를 기다리다
나도 우두커니 한 곳을 바라보는
한 그루 느티나무임을 알았다

느티나무 옆에서 참선하던 바람이
느티나무에 달린 무수한 잎사귀를 흔들어
하늘 높이 키운 느티나무 지고지순한 사랑이야기를
살랑살랑 지친 내 어깨에 얹어놓는다

<

바람 불거나 태풍이 와도
처음 땅에 뿌리박힌 그대로 견디는 나무
아낌없는 사랑으로 기꺼이 누군가의 그늘이 되어주고
기대어 쉴 등을 내주는 나무
주는 기쁨으로
더 아름드리 가지를 뻗는 나무를
나도 한그루 나무 되어
물끄러미 올려다보았다

이제 낯익은 얼굴들을 지우는 어둠 속
혼자만의 시간 속으로 걸어가야겠다
느티나무 한 잎사귀보다 작은 내 사랑도
저 나무처럼 깊어져야겠다
언젠가 그대와 만날
꿈같은 시간을 위하여

낙엽 편지

땡감이 익었다고 감나무 가지에서 다홍빛 불을 켭니다

밤도 익었다고 툭 내 앞에 떨어집니다
들판은 익어가는 것으로 가득합니다

나뭇잎도 단풍 드는 이 가을
내 마음 밭엔 열매가 없습니다
그대에게 나눠줄 것 없어 찬바람만 부는 저녁입니다
하루 종일 낙엽 한 장 매만지다
서글픈 마음만 물들였습니다

한 귀퉁이 뭉그러진 낙엽 편지
바람 편에 부칩니다

소나기

먹구름으로 장대비로 내리는
나는 슬픈 사랑을 가졌어라
이 넓은 세상 어디 숨어 울 곳 하나 없는
기막힌 사랑을 가졌어라

너에게 닿지 못해 내 속에서
그칠 줄 모르고 솟구치는 울음 우는 나는
차라리 몽땅 대빗자루로 쓸어버리고 싶은
사랑을 가졌어라

너에게로 미친 듯 흘러
마침내 우리 하나로 합쳐진 바다 그 어디쯤
고요고요 스며들고 싶은
기찬 사랑을 가졌어라

민들레꽃

갈라진 시멘트 바닥 사이에
짓밟히고 짓밟히는 좁은 들길에
굳게 잠근 우리들 어둔 마음의 철문 틈에
진실의 꽃 환하게 밝혔다
바람 부는 인생길
마음 짓밟혀 남몰래 혼자 울게 될 때

뒤돌아보며
보고 또 보라고

호수가 보이는 오솔길로 가면

잔잔한 풀내음 솔솔 묻어나는
풋풋한 사람을 만날 것 같다

해 저무는 줄도 모르고
도란도란 이야기 나누는
옛 친구 같은 사람을
만날 것 같다

누구를 만나지 않아도 좋다
호젓한 벤치에 앉아
푸른 호수에 눈을 담그고
고요히 눈뜨는 나를 만나고 싶다

눈

산도 바다도 지웠어요 굽이굽이 지나온 인생길도 지웠어요 저는 하얗게 지워진 순백의 세상을 꿈꿔왔어요 아기처럼 뽀송한 눈을 뜨고 싶었어요 그대와 나란히 발도장 찍으며 영원으로 가는 하얀 길도 내고 싶었어요 눈을 한 움큼 뭉쳐 눈싸움도 하고 눈을 바퀴처럼 굴리어 이 세상 끝까지 멀미나도록 가보고 싶었구요 그대와 둘이서 눈 코 입 그리며 눈사람도 만들고 싶었지요 바라볼수록 아름다운 세상을 보고 싶었나 봐요 두 눈이 시리도록 가슴이 얼얼하도록 그대를 보고 싶었어요 오랜 세월 새하얀 사랑을 품어 솜털처럼 가벼워진 저는 나뭇가지마다 세상의 빈 여백마다 하얗게 도배하고 싶었지요 딱 한번은 애타는 그대 가슴에 안겨 사르르 녹고 싶었어요

보름달

주고 싶은 마음이 둥굴어
하얀 달빛이 된다
더 줄 수 없어 까맣게 탄 마음이
하늘까지 부풀어 올라
둥근 보름달로 떠오른다

사랑아 보아라
너를 알고부터 어두운 밤이면
달빛이 된다

네가 가는 길
훤히 비추고 싶은
보름달이 뜬다

4부

당신에게 못을 박다

언제까지나 그렇게

안개가 뭉텅 세월을 가위로 자른 듯
어느덧 눈빛도 기억도 흐릿한 늙음의 세월

바쁘다고 아프다고 지친다고 눈 돌리다보니
그대 얼굴에 깊게 패인 주름살도
읽지 못했네

우리 손잡고 함께 웃는 날 몇 날일까
부둥켜안고 뒹굴 날 몇 날일까
아픔의 언덕 함께 걷는 날 몇 날일까

그대
보낼 것 다 보낸 겨울날에도
내 앞에 눈사람처럼 서 있는 저 나무처럼
그렇게 곁에 남아주기를

여행

이 산 넘으면
저 강 건너면
보일까

넘어도 넘어도 산
보아도 보아도 바다
가도 가도 끝없는 길

보아도 보아도
뒤돌아보게 되는 나

어디가 끝일까
나를 이끌고
또 어디로 가야 하나

내 발걸음 멈추게 하는
최고봉 황홀경은
어디려나

낙엽 편지

땡감이 익었다고 감나무 가지에서 다홍빛 불을 켭니다
밤도 익었다고 툭 내 앞에 떨어집니다
들판은 익어가는 것으로 가득 합니다

나뭇잎도 단풍 드는 이 가을
내 마음 밭엔 열매가 없습니다
그대에게 나눠줄 것 없어 찬바람만 부는 저녁입니다
하루 종일 낙엽 한 장 매만지다 서글픈 마음만 물들였습니다

한 귀퉁이 뭉그러진 낙엽 편지
바람 편에 부칩니다

더불어

꽃은 피고 집니다
눈 감아도 떠도
지지 않는 꽃이 있네요
내 마음에
그대라는 꽃이 세들어 살며
향기로운 삶의 꽃
사계절 피우게 합니다

당신에게 못을 박다

마른 벽에 못을 박는다
벽이 울린다
벽이 아프다고 쩌렁쩌렁 울리는데
못 박는 내 가슴은 말없이 더 울렁거린다
받아달라고 받아달라고
마음을 다잡고 힘껏 내리친다

딱딱한 벽으로
돌아누운 당신의 등을 향해
수직으로 깊이 뿌리 내리고 싶은
내 아픈 사랑을 박는다

기다리는 마음이

찬바람 부는 언덕에
한 그루 마른 나무로 서서
그대를 기다리는
겨울이 있었습니다

오지 않는 그대를 기다리며
내 사랑도 떨구어 낙엽처럼
그 겨울의 언덕에
고이 묻어두었습니다

세월이 흘러
기다림이 거름이 되어
햇볕 한 스푼에도
그대가 보낸 사랑의 택배 같아
머리 위로
싹눈이 반짝 떠집니다

기다리는 마음이
다시 봄을 오게 합니다
꽃을 피우게 합니다
나비를 날게 합니다

당신에게

하나의 씨앗도 물주지 않으면
움트는 연초록 새잎 볼 수 없고

사랑의 눈으로 바라보지 않으면
별들이 밤하늘을 별나라로 띄워도
별같이 아름다운 세상은
보고 있어도 보이지 않습니다

당신이 편안히 잠들 곳 못 찾아 헤매어도
나는 전화번호 꾹꾹 누를 줄도 모르겠지요

어두운 밤길을 바라보며
당신이 올까
달처럼 훤히 비추는 둥그런 마음 들고
마중 나갈 줄도 모르겠지요

내 사랑 당신
낮에도 밤에도
세상을 밝히는 등불 켜질일 없는
깜깜한 밤이 깜깜하게 누워 지나가는
우리가 아니기를

사랑으로 행복한 불빛이 켜지는
우리이기를 소망합니다

세월 속에서

늦가을 단풍잎이 황홀한 꽃처럼
눈으로 들어오듯이
한겨울 언 땅에 살아있는 뿌리가
귀한 보약처럼 다가오듯이

해 뜨고 지는 겹겹의 세월 속에서
그대가 더욱 소중한 사람으로
별처럼 해처럼 떠오르네

비가 오나 눈이 오나 바람 부나
내 곁에 그대 있음이
행복인걸 알아라

바위 같은 사랑으로

흐린 날일수록 더 고요하다
비바람 불어도 쓰러질 줄 모른다
천근만근의 두께로 굳어진 몸

누구의 가슴에 박혀
천둥번개 쳐도
꿈쩍 않는 그런 사랑으로
살고 싶다

밤으로 눕다

그대가 떠난 밤
불을 끕니다
꿈속에서
보고 싶은 그대를
만날까

깜깜하게 누웠습니다

이별

문고리 잠근다
이제 꽃 한 송이 강아지 한 마리 키우지 않겠다
바람 불어도 눈이 와도
어디에서도 보이지 마라

꼭꼭 숨어라

섬

당신과
나
헤어져
섬이다
그리움
한 섬 쌓아놓고
멀리서
서로를
바라보는

가까이 있어도 먼 그대

너와 나 헤어져
멀리서 뒤돌아보지 않는 등을
점이 될 때까지 바라만 볼 때가 있다

끝없이 내리는 빗방울로
내 가슴이 슬픔으로 흘러내려도
우리라는 이름으로 스며들 구멍 하나 내지 못해
눈가에 그렁그렁한 눈물을 매달 때가 있다

먼 거리에서 바라보는 별처럼
그리운 이름으로만
가슴 깊이 간직해야 할까

가까이 있어도 먼
바라볼수록 넘어야 할
산 같은 사람이
지금
내 앞에
있다

그대에게 묻다

민들레 뒤에 쑥부쟁이 뒤에 냉이꽃 뒤에 풀꽃 뒤에
나도 꽃으로 피어 줄섰습니다
꽃을 좋아하는 그대
그대가 보고 싶어
향기는 바람 편에 배달하고
꽃잎은 수줍어 가늘게 떨립니다
내 그림자는 길게 그대 있는 쪽으로 기울고 있습니다

지금
내 앞에 있는 그대
내가
꽃으로
보
이
나
요

그대를 내 안으로 초대합니다

벚꽃이 피기 전에
조금만 조금만 늦게 피라고 혼잣말 했지요
단풍이 붉음으로 물들면
고와서 책갈피에 꽂아두었지요
첫눈이 펑펑 내리면
그대 눈 코 입 닮은 눈사람 만들었지요

세월의 시계가 겨울로 가고 있습니다
저는 혼자 우두커니 유리창 밖을 내다보고 있습니다
세상은 지금 당신으로 하얗게 덮인 설국입니다

매일 나를 사랑으로 눈 뜨게 하는 그대
그대를 내 안으로 초대합니다
지금 어디쯤 오시나요

가끔은

휴대폰도 약속도 일도
밤으로 꺼놓고
웅크린 나를
어둠 속에 담그고 싶다
눈감고
보이지 않는 내 안을
맑은 돋보기로 들여다보고 싶다

나를 찾아서

차를 마시는 시간

그대여
슬픔 노여움 근심 비운
무념의 빈 찻잔으로 앉아요

내 마음 헹구고 데운 찻잔 속에
물빛 강물을 담아드리겠습니다

슴슴하고 담담한 물결로 흐르는 강이 되어
그대를 마주보고 싶습니다

친구에게

너에게는 가슴 밑창까지 드러내고
세상사 기쁘고 슬픈 일
더도 덜도 보태지 않은
가장 순수의 나를 보여주고 싶다

"힘내"하고 어깨를 두드려주는 너
셈하고 포장하지 않아도 있는 그대로 믿어주는 너
내 옆에 말없이 있어도 그냥 좋은 너

이 세상 살면서 마음을 나누는 네가 있어
나는 들판처럼 마음이 부유해진다
혼자 있어도 외롭지 않다

작품 해설

시적 진실, 그 불변의 진리를 발현하다

김순진(문학평론가 · 고려대 평생교육원 교수)

작품해설

시적 진실, 그 불변의 진리를 발현하다

김순진(문학평론가 · 고려대 평생교육원 교수)

이유민 시인을 안 것은 내가 보령해변시인학교에 참가한 후부터이니까 대략 6년 전, 제2회 보령해변시인학교가 열리던 보령 대천해수욕장 바닷가 상동수련관에서의 만남으로 거슬러 올라간다. 보령문인협회 사무국장을 맡고 있는 그녀를 먼발치에서 보니, 어쩌면 그리 밝은 얼굴로 사람을 대할 수 있는지, 어쩌면 그리 맑은 목소리로 사회를 보는지, 게다가 시를 향한 열정은 얼마나 강한지, 그녀는 여러모로 사람의 마음을 끄는 매력이 있었다. 보령문인협회의 행사는 점점 다양해지고, 그에 따른 문인들이 교류는 차츰 많아지고, 그에 따라 전국에서 수 없이 많은 문학단체가 보령시로 문학기행을 오고, 보령시 미산면 봉성리문화마을에 300여 개의 시비가 세워지면서 개인들의 발길이 끊어지지 않는 사이, 그녀는 귀찮고 힘들기도 하련만 말없이 사무국장의 자리를 지키며 보령문인협회와 보령시를 전국 문인들의 가슴속에 아로새겨 놓았다.

어떻게 하면 좋은 시를 쓸 수 있을까? 어떤 시가 좋은 시일까? 많은 시인들은 좋은 시를 쓰기 위해 머리를 싸매고 골몰한다. 남과 다른 시를 쓰기 위해 공부를 하러 다니는 사람, 여행을 하는 사람, 시장에 가서 사람 사는 것을 구경하는 사람, 어려운 경전을 읽는 사람, 시집을 읽는 사람 등 사람마다 다양한 방법을 동원하여 좋은 시를 쓰기 위해 골몰한다. 나는 앞서 말한 모든 방법은 소용없는 일이라 생각한다. 좋은 시를 쓰려면 우선 자신의 이야기를 써야 한다. 자신이 보고 듣고 겪은 시적 진실, 즉 스토리가 탄탄한 이야기를 쓰면 미사여구나 특별한 수사법이 없이도 좋은 시를 쓸 수 있다. 김종삼 시인은 「민간인」이란 시에서 "1947년 봄 / 심야(深夜) / 황해도 해주의 바다 / 이남과 이북의 경계선 용당포(浦) // 사공은 조심 조심 노를 저어가고 있었다. / 울음을 터뜨린 한 영아를 삼킨 곳. / 스무 몇 해나 지나서도 누구나 그 수심(水深)을 모른다."라고 가슴 아픈 진실을 이야기한다. 공산치하에 살던 민간인이 봄밤에 몰래 배를 타고 배를 타고 월남을 하다가 울음을 터뜨린 영아를 삼킨 바다……. 특별한 설명이 없어도, 미사여구나 특별한 수사법이 없어도 우리는 그때 상황을 미루어 짐작할 수 있다. 이런 시적 진실이 탄탄한 시가 좋은 시다. 가슴을 울리는 시다.

이유민 시인의 이 시집에는 다양한 수사법이 동원되고 있다. 그 첫 번째는 시적 진실이 강한 시를 여러 편 선보이고 있다는 것이다. 두 번째는 여성 특유의 감정에 충실하면서 일반인들에게 가까이 다가갈 수 있는 서정시를 선보이기도 한다. 세 번째는 무릎을 치며 어떻게 이런 생각을 했지 하는 상상력이 가미된 시를 여러 편 쓰고 있으며, 네 번째는 보령을 사랑하고 보령사람을 사랑하는 시 여러 편을 써냄으로써 지역에서 활동하고 있는 시인의 책무를 충실히 수행하고 있다.

그러면 이쯤에서 이유민 시인이 어떤 시를 쓰고 있으며, 어떤 사고로 시업에 임하고 있는가를 살펴보기로 하자.

그녀는 고정관념을 뛰어넘어 옆으로 기울기 엮기 꼬기 뒤집기 매달리기 선수야 여린 척 순진한 척 고고한 척 상냥한 척 거짓 눈웃음을 흘리지 은근하게 은밀하게 다가오는 따스한 손 잡지 마 돌돌 말려 가슴에 안기는 순간을 달콤한 사랑이라고 착각하지마 은근슬쩍 눈감아 누르는 윙크 한 번에 우직한 바위도 홀딱 넘어갔어 누구도 막을 수 없어 빈틈만 보이면 올라타기 선수로 돌변하는 저 징그런 열정 모두 그녀의 음모에 등을 내주는 포로가 되었어 저기 좀 봐 벽을 넘어 나뭇가지 꼭대기에 올라가 머리에 난 뿔 흔드는 넝쿨을 뿔이 몇 개야 조심해 너도 언젠가 넋 놓고 있다가 돌돌 말려 시험에 들지 몰라

- 「넝쿨주의보」 전문

세상은 모든 것은 넝쿨로 이루어져 있다. 덩굴이라고도 한다. 다른 말로 하면 사슬이다. 영어로 말하면 네트워크(network)다. 나를 감싸는 넝쿨에는 두 가지가

있다. 하나는 인연이라는 조력자로서의 넝쿨이다. 자기의 성씨를 가지게 하는 조상과의 인연이 그것이다. 나는 계속해서 안산김씨란 인연으로 이어져왔고, 또 나의 아들과 손자로 대대로 이어져갈 것이다. 그런 넝쿨은 담쟁이넝쿨과 칡넝쿨, 인동넝쿨, 넝쿨장미, 며느리밑씻개넝쿨, 며느리배꼽넝쿨과 같이 자신만의 유전자를 지니며 계속해서 우성인자를 흡수해 계승하고 발전한다. 그 우성인자를 흡수하는 방법이 고조할머니, 증조할머니, 할머니, 어머니로 이어지는 여성계열의 조상이다. 말하자면 평산신씨, 한양조씨, 대구서씨, 전주이씨로 이어지는 할머니계열에서부터 어머니인 장수황씨, 그리고 아내인 청주한씨가 우리 집안을 우성인자로 발전시키며 키 크고 머리 좋은 안산김씨로 발전시켜왔던 것이다. 그런데 이런 조상으로부터 내려오는 인연의 넝쿨은 내가 조심하고 싶어도 조심해지는 것이 아니다. 그대로 받아들이고 수용하는 것이다. 그래서 우리는 배우자를 선택할 때 될 수 있으면 신체건강한 집안을 택하는 것이다.

두 번째는 방해자라고 하는 위해요소의 넝쿨이다. 세상에는 자신을 구속하고 견제하는 넝쿨도 있다. 칡넝쿨과 며느리밑씻개넝쿨, 며느리배꼽넝쿨과 같이 다른 종을 못살게 굴며 영역을 확장하는 위해식물도 있다. 이유민 시인은 그런 위해식물 같은 인연을 경계하는 것이다. 그래서 넝쿨주의보라는 기발한 주의보를 내려 자신의 삶을 되잡고 자아를 되돌아보는 것이다. 이유민 시인은 이 시에서 넝쿨을 여자로 놓는다. 1인칭은유심상법의 시다. 인칭은유심상법에서는 사물을 1인칭 – 나, 우리, 2인칭 – 너, 너희, 당신, 당신들, 3인칭 – 그, 그들, 그녀, 그녀들로 놓는다. 그러면 바로 메타포가 발생되어 시를 환기시키며 낯선 이미지를 발생하게 된다. 이유민 시인은 이러한 기법을 알고 시를 쓰고 있다.

이유민 시인이 경계하는 넝쿨에는 여러 가지가 있다. 자기의 생각과 달리 나의 일을 방해하고 힘들게 하는 넝쿨이 그것이다. 고정관념이란 넝쿨, 옆으로 기울기 엮기 꼬기 뒤집기라는 넝쿨, 여린 척 순진한 척 고고한 척 상냥한 척하는 넝쿨, 따스하게 손을 내미는 넝쿨이 그것이다. 이유민 시인의 넝쿨주의보는 살다보면 목적을 가지고 다가오는 사람들에 대하여 경계하라는 말로 읽힌다.

나를 주인으로 태우고
내가 가는 길이란 길은
언제나 고맙게 부릉부릉 달려주던 너
도로 한복판에서 갑자기 의식이 없다

진땀 흘리며 시동을 몇 번이나 다시 걸어보았지만
묵언으로 빤히 나를 쳐다보고만 있는 자동차

매일 보면서도 힘들어하는 너를 못 보고
그저 나만 보고 달리고 있었구나
삶을 운행하게 하는 엔진 다 닳도록

무조건 달리라고 페달만 밟았구나
지친 네 몸을 토닥일 줄도 모르고
사랑을 받을 줄만 알았구나

언제나 옆좌석에 자리를 비워놓고
나를 기다리던 너였음을
사랑은 늘 마음을 다해
서로를 껴안으며 충전해줘야 함을
왜 몰랐을까

행복을 향해 달리던 내 삶이
예고도 없이 도로 한복판에 쓰러져
위험을 알리는 경적음을 울리며
통째로 견인되고 있다
내 삶은 어디로 견인되고 있는가

- 「내 삶이 견인되다」 전문

이유민 시인이 타고 다니는 자동차가 갑자기 고장이 나서 견인을 했나 보다. 시인의 눈은 사방에 달려 있다. 잠을 자면서도 시인의 눈은 뜨여있고, 뒤통수에도 발꿈치에도 손가락에도 시인의 눈은 달려 있다. 그래서 시를 잘 쓰는 시인들은 언제 어떤 일이 일어나도 시인은 그 상황을 시로 결부시키는데, 이유민 시인이 그런 삶을 살고 있는 것 같아서 바야흐로 이유민 시인은 안정된 시인의 삶을 살고 있다고 보여진다. 자동차가 견인차에 의해 끌려갈 때 자동차만 끌려가는 것이 아니다.

이유민 시인의 말처럼 "내 삶이 견인되"는 것이다.

지금까지 이유민 시인은 자신이 자동차였음에도 견인차인줄 알고 살아왔던 것 같다. 가정을 견인하기 위해 불철주야 생활을 견인해야 했고, 아이들의 장래를 견인하기 위하여 애써왔던 것 같다. 그러나 누구든 스스로를 운반하는 자동차다. 자동차가 관리가 필요한 것처럼 사람도 관리가 필요하다. 자동차에게 기름만 넣어준다고, 사람의 입에 음식물만 넣어준다고 관리가 끝나는 것은 아니다. 외모를 위해 화장을 하고 좋은 옷을 골라 입는 것은 세차나 광택에 불과하다. 엔진을 점검하여야 한다. 즉 오장육부를 잘 관리해주고 근육을 관리해주어야 앰뷸런스라는 인간 견인차에 견인되지 않을 수 있다.

관절이라는 것이 무한정 쓸 수 있는 것이 아니라 쓴 만큼 노화되는 것이라고 한다. 간은 한번 손상되면 회복이 어렵다고 한다. 나도 먹고 있는 당뇨약과 혈압약을 먹는 사람이 우리나라 성인들의 2/3라고 한다. 우리 인간들은 술과 담배라는 대표적인 위해요소뿐만 아니라 당분, 소금 등을 너무 많이 먹어 자신의 건강을 해친다. 그런 식습관은 자동차가 견인되듯 자신을 병원으로 견인해야할 일이 생긴다는 것을 우리는 잊지 말아야 한다. 자동차의 견인을 통해 "내 삶은 어디로 견인되고 있는가"에 대하여 자가면역성을 진단하고 테스트하는 이유민 시인의 이 시에 공감이 간다.

나이와 함께 기억도 늙나 봐요 늘 지니고 다니던 물건인데 행방불명이에요 지나가던 누가 주워주면 머리를 땅에 대고 절을 할 텐데 밤늦도록 아무 소식 없어요 내 기억 속에 지문 색깔 또렷이 남기고 어디에 숨었는지 모르겠어요 주머니 속에도 가방 안에도 차에도 방에도 온통 살림살이 다 들쑤시며 찾아봐도 꽁꽁 숨어 보이지 않는 그 얼굴 잃어버리고 잠도 안와요 세상에 오직 열쇠만 보여요 지나온 길 돌아보라고 그럴까요 뒤죽박죽 널브러진 살림살이 눈으로 마음으로 칸칸이 정리해 보라고 예고도 없이 떠났을까요 열쇠가 내 삶을 열고 잠가주는 소중한 것임을 잃어버린 다음에 깨달아요 후회해도 소용 없죠 찾으면 기억의 1번지에 모시려구요

– 「열쇠를 잃어버렸어요」 전문

20년 전 쯤의 일이다. 전남 담양에 있는 처갓집에 장모님 생신에 갔다가 되돌아오려니 자동차 열쇠가 없다. 간밤에 동서와 처남이 함께 모여 화투를 치며 술을 잔뜩 마시며 놀았는데 일요일 오전에 서울로 돌아오려니 자동차 키가 보이지 않는다. 그때부터 온 가족 20여 명이 내 자동차열쇠 찾기에 동원되었다. 장모님은 자기 생일에 온 사위가 열쇠를 잃어버려 안절부절 하신다. 아침 아홉시부터 찾기 시작해서 오후 3시쯤까지 온 집 안을 이 잡듯이 찾았다. 자동차는 물론 가지고 간 각자의 가방과 내가 다녔던 길을 모두 수색했다. 결국 열쇠를 찾지 못하고 일요일 오후 3시가 되었다. 나는 둘째 처남의 차를 타고 담양읍으로 뒤 트렁크의 열쇠뭉치를

빼내 새 열쇠를 맞추러 갔다. 일요일이라 그런지 문연 열쇠집이 없어서 열쇠를 맞출 데가 없다. 결국 광주로 나갔다. 지금처럼 인터넷이 발달하지 않던 시절 폴더폰으로 전화를 해 이곳저곳을 물어보며 결국 열쇠 집을 찾아 열쇠를 깎아가지고 돌아오니 저녁 여덟시가 되었다. 집에 남아있던 식구들은 그때까지도 열쇠를 찾고 있었다. 지금은 열쇠집에서 깎는 새 열쇠로는 자동차가 열리지 않지만, 그때 만해도 가능했던 시절이었다. 나는 결국 처갓집 가족들에게 큰 누를 끼치고 서울로 왔다. 서울에 도착해 이틀이 있으려니 큰처남에게서 열쇠를 찾았다는 전화가 왔다. 돌아오던 날 아침 걸레그릇에 열쇠를 놓고 화장실에 들어갔는데, 누가 그 위에 다른 사용한 수건을 던져놓아서 보이지 않았던 것이다.

그때까지 나는 처갓집 가족들이 나를 그렇게 사랑하는 줄 몰랐다. 진심으로 걱정해주며, 마치 자기의 자동차 열쇠를 잃어버린 것처럼 하루 종일 집안과 집밖을 샅샅이 뒤져준 가족들, 돌아가야 할 일도 잊고 나와 함께 광주로 나아가 열쇠를 깎아온 부산 처남……. 조카들의 걱정하던 눈동자가 지금도 눈에 선하다.

이유민 시인도 나처럼 열쇠를 잃어버리고 천지사방을 찾아봤을 것 같다. 더욱이 그 열쇠뭉치는 현관키를 비롯해서 창고키 등 여러 개가 매달렸을 터인데 얼마나 많은 걱정을 했을지 가늠이 된다.

바람 부는 날엔 무작정 대천바다에 와보라

일상을 빈 집으로 자물쇠 채우고
가벼운 구름으로 날아와
나이도 시계도 사랑도 잊고
청정한 바다 앞에 앉아보라

그대를 울리고 간 미운 사람도
지워지지 않는 걱정거리도
채워지지 않는 적금통장도 바다에 퉁 던져버리고
푸른 물결로 말갛게 표백해보라

파도에 부대끼면서도 둥글게 사는 몽돌도 만져보고
갯벌 속에서도 알차게 사는 조개도
소라도 진주도 캐보고
낙지도 해삼도 꽃게도 놀래미도
무럭무럭 옹골차게 키우는
바다의 깊은 속내를 마음 속 주머니마다 채워보라

살면서 지치고 무거워진 어깨를 토닥토닥 토닥여주는
파도의 매운 명상의 말씀도 들어보고
비우면서 넉넉해지고 싱싱하게 일어선 푸른 물결 위에
활기찬 생활로 시동 걸며
통통통 달리는 돛단배도 타보라

밤이 오면 별도 달도 바람도 물새도 바다에 마실 나와
흠뻑 시린 가슴 적신다
흐린 마음 청정하게 씻은 갈매기들도
삶을 뜨겁게 껴안고
저 넓은 해원을 그리며
훨훨 날으는

- 「대천바다에 와보라」 전문

보령시는 2022년 보령머드박람회를 앞두고 있다. 대천해수욕장의 머드축제는 세계 3대축제라고 한다. 이유민 시인의 말처럼 “무작정 대천바다에 와보라” 그리하면 대천바다가 주는 선물을 한 아름 안고 돌아갈 수 있을 것이다. 현대생활이 주는 스트레스를 말끔히 날려주고 바다로부터 밀려오는 신선한 공기를 가슴속에 잔뜩 넣어 자신감 있는 사람으로 거듭날 수 있을 것이다. 갈매기 날고 포말이 밀려오는 바닷가를 거닐면 가끔 주워보는 조개껍데기 들려주는 바다이야기가 당신을 꿈많은 소년 소녀로 되돌려줄 것이다. 대천해수욕장은 우선 그 모래알 입자가 작아서 밟으면 감촉이 좋다. 게다가 해안선이 넓어서 수많은 인파가 몰려도 누구든 해수욕을 즐길 수 있다. 수심이 얕아 수영을 못 하는 사람이나 어린아이들도 마음껏 놀 수 있으며 수온이 따뜻하여 심장마비를 일으킬 염려가 없다.

나는 일 년에 몇 번씩 대천바다에 간다. 물론 내가 대천바다에 자주 가는 이유는 보령문인협회 덕분이다. 보령이 그리 좋은 지는 보령문인협회 김유제 회장이 외부작가들을 추천하기 시작하면서부터 알게 되었다. 김유제 회장께서 한국문인협회 보령시지부 회장을 맡게 된 후 보령시는 전국의 문인들에게 문학의 성지가 되었다. 김유제 회장은 자신이 나고 자란 봉성리 마을을 시

조각의 문화예술마을로 가꾸고 그곳에 한국문학헌장비와 펜헌장비를 세우는 한편 300여 개의 시비를 세우기도 하였다. 게다가 김유제 회장은 보령의 섬 하나를 지정해서 문인들의 섬으로 만든다며 원산도의 리장과 협약식을 맺었다고 한다. 보령은 천혜의 자연환경을 가지고 있다. 물의 도시 보령이다. 머드축제로 널리 알려진 대천해수욕장과 바닷길이 열리는 무창포해수욕장만으로도 충분히 세상 사람들의 머릿속에 저장되어 있을만한데 보령댐은 그들이 가진 최고의 자산이자 자랑꺼리다. 성주산의 오석(烏石)은 비석의 돌 중에 으뜸이라 전국에서 각광받는다. 나는 포천출신 시인으로 김유제 회장은 젊은 시절 포천에서 성장했다. 게다가 보령 출신 토정 이지함 선생이 청하현감(포천)을 지낸 인연은 나를 보령으로 이끄신 것 같다.

7년 전 시작된 보령해변시인학교는 이제 문인들이 가장 참가하고 싶은 행사로 거듭나고 있다. 이 많은 일을 할 수 있었던 것은 보령문인협회 사무국장을 맡고 있는 이유민 시인의 도움 없이는 불가능했을 것이다. 이유민 시인은 아름다운 외모에 못지않게 매우 매력 있는 목소리를 가지고 있다. 하여 시낭송가로도 널리 활동하고 있다. 이유민 시인은 사회를 너무나 잘 본다. 성격이 차분하고 침착하여 어떤 행사도 떨지 않고 사회를 보아내는 능력을 지니고 있다. 게다가 중앙문단에서도 인정받을 만큼의 탄탄한 실력으로 이렇게 좋은 시를 써내고 있으니 부럽기 그지없다.

성주산은 어서 오라고
구불구불한 곡선의 가을 숲길로
나를 초대한다
호젓이 혼자 걸어도 좋은 화장골
달큰한 바람이 성주산 입구까지 마중 나왔다
일상에서 묻은 티끌 오욕들을 헹궈내라는 듯
눈으로 마음으로 흘러들어오는 계곡물
가슴이 시원해진다 맑아진다
새들은 나뭇가지에 앉아
즐거운 듯 행복한 듯 노래 부르고
지나가는 귀여운 다람쥐 반갑다 꼬리를 흔든다
숲은 응달진 구석까지
푸르게 붉게 노랗게 단장한 가을을 들여놓고
숲길에 잎잎이 깔아놓은 단풍잎까지
고이 밟으라 한다
명상에 잠긴 듯
고요고요 성주산 깊은 골짜기 화장골
고운 빛깔로 절정에 선 단풍을 오래 보고 싶어
마음 속 카메라로 찰칵찰칵 찍는다
들숨 날숨 고르며 계곡에 잠시 멈춰서서
두팔을 벌리고 활짝 편 가슴에
숲의 달달하고 청정한 공기 빼곡히 채운다
울울창창 우거진 화장골 편백나무숲
내 한 몸 들어설 자리
내주지 않을 것 같은데
안으로 들어갈수록
아늑하다 향기롭다
나무에 기대기도 하고
의자에 앉기도 하고 그네도 타고

숲은 어머니 품같은 쉴 자리를 끝없이 내준다
수천 년 땅에 뿌리를 박고 곧추서서
그늘 울타리 엮어주는 나무들
멀리서도 높이 눈을 들어
거룩함으로 우러러보게 된다
사랑과 포용을 무한대로 가지 치는 저 나무들
아아 바람 부는 세상을
온몸으로 으스러져라 품어주고 있었구나
그렇게 숲은 누군가에게 평온을 선물하고 있었구나
나도 이 숲에서 한 그루 고요한 나무로 눈감아본다
보듬지 않아 벌레 먹고 깊이 멍울 든 내 영혼에
푸른 평화가 깃들어온다

– 「성주산 편백나무숲의 가을을 담다」 전문

이 시는 이유민 시인이 어느 가을날 성주산 화장골의 편백나무 숲에 들어가서 쓴 시다. 편백나무 숲을 거니는 이유민 시인의 모습이 상상된다. 피톤치드가 뿜어져 나오는 편백나무 숲이 얼마나 향기로웠을까? 하늘을 향해 곧게 뻗어있는 편백나무 숲을 보며 얼마나 가슴이 트였을까? 편백나무 숲에 앉아 낙엽을 주워 이리저리 살피며, 새소리를 들으며 얼마나 여유로웠을까? "사랑과 포용을 무한대로 가지 치는 나무들"을 보며 이유민 시인은 감사하는 자세로, 그리고 겸손하는 자세로, 그리하여 이제 순응하며 살아가겠다는 배움의 자세로 자연을 대하고 있다.

고향이 있다는 것은 참으로 감사한 일이다. 자신을

낳아주고 길러준 고향이 주는 응원은 그 무엇으로도 잴 수 없는 가치가 있다. 실향민들과 탈북민들이 왜 그리 고향에 가고 싶어 하는지, 한국에 와서 일하고 있는 외국노동자들이 얼마나 고향을 그리워하는지, 우리는 이미 TV나 유튜브를 통해 보아왔던 사실이다. 그런 고향에 살고 있는 사람은 더욱 행복한 사람이다. 그리고 고향이 아니더라도 그 고장에서 살고 있는 사람은 그 고장에 대한 정이 남다르기 때문에 살고 있는 것이다. 그 고장이 주는 푸근함과 그 고장사람들의 인정이 좋아서 살고 있는 것이다.

이유민 시인의 고향이 보령인지 인근 도시인지는 잘 모른다. 그렇지만 이유민 시인은 보령을 사랑한다. 이 시집에서도 보령에 대한 시를 여러 편 선보이고 있다. 이유민 시인처럼 시인은 자기의 고향과 자기가 살고 있는 고장에 대한 시를 써야 한다. 자기가 나고 자란, 또는 살고 있는 고장에 대하여 시를 쓰는 것은 시인으로서 지극히 당연한 일이기도 하려니와 꼭 써야만 하는 필연적인 일이기도 하다. 그 고장 시인이 그 고장의 지명이나 역사, 민담에 관한 글을 써내지 않는다면 아무도 그런 글을 써줄 사람이 없다. 따라서 시인은 사람의 생로병사를 자연에 비유하여 노래하는 사람이기도 하지만, 지방의 역사와 서민들의 애환을 기록하는 사관이기도 하다. 독도를 우리 땅이라 주장하지만, 그 옛날 어떤 고기잡이 어부가 자신의 일기장에서 “1412년 5월 17일 울릉도에서 조류에 따라 멀리 밀려갔다. 사람이

살지 않는 뾰족뾰족한 바위섬에 닿았다. 그곳에서 풍랑을 견디고 이틀 만에 돌아왔다."라는 식의 일기 하나만이라도 독도가 일본이 우리 땅이라고 우길 이유가 없어진다. 그만큼 기록이란 중요하다. 그런 점에서 이유민 시인이 써내고 있는 보령에 관한 여러 시편들은 시인이기 이전에 사관으로서 매우 훌륭한 일을 하고 있다는 말씀을 드린다.

내 속엔 가시가 많은가 봅니다
다가가면 어느 틈에 찔려
아파하는 당신을 봅니다

시침이 자정을 지나도
잠 못 이루고
당신 몸에 옮겨붙은 가시가
다시 화살이 되어
내 심장에 꽂힙니다

사랑은 아픈 거라고
아픔도 절반으로 나누자고
이 밤이 다 가도록
당신은 뽑히지도 않고
내 속에 어쩌자고
가시로 들어와 있습니까

- 「가시나무 연가」 전문

이 시는 성찰시다. 나는 내 저서 『효과적인 시창작법』에서 시를 크게 다섯 가지로 구분하였다. 첫 번째는 이미지 시다. 두 번째는 말놀이 시다. 세 번째는 성찰시다. 네 번째는 관찰시다. 다섯 번째는 상상시다. 이 시는 세 번째 시 성찰시에 해당한다. 시를 통해 나를 되돌아보는 과정은 시에 있어 매우 중요한 기능이다.

대부분의 사람들은 모두 자신의 잣대로 산다. 그리하여 상대방이 어떻게 생각하는지를 생각지 않고 자신의 판단으로 산다. 그렇게 사는 삶은 다른 사람에게 상처를 주기 마련이다. 우리는 꽃의 폭력을 모른다. 꽃은 아름답지만 그 아름다움을 넋을 놓고 보고 있다가 기차 시간을 놓치고, 꽃으로 무장한 사기에 노출되며, 허송세월하게 되는 경우도 있다. 이를테면 아름다움의 폭력성이다. 착한 말, 아름다운 말만 하면 좋을 것 같지만 그렇게 길들여진 사람이 사회적응을 잘 못하는 경우도 있다. 자식에게 야단 한 번 안 치고, 욕 한 번 하지 않고, 신발 끈을 매어주며 가방을 챙겨주며, 단추를 꿰어주고 점퍼지퍼를 올려주며 오직 사랑으로만 키워냈다고 해서, 그것이 아침에 깨워주지도 않고 스스로 밥을 챙겨먹게 하며 회초리를 들고 엄하게 키우는 부모 밑에서 자란 사람보다 잘 자랐다고 말할 수는 없다. 생선의 살을 발라 밥숟가락 위에 얹어 떠먹여준 자식보다는 고기 잡는 법을 가르쳐준 자식이 훨씬 잘 살아갈 수 있다. 부모가 온실의 화초처럼 기른 자식은 사회에서 도태된다. 반면 부모가 스스로의 삶을 개척하게 도와준 자식은 그 사회의 리더가 되고 CEO가 된다.

이유민 시인은 자신의 내면에 들어있는 가시에 대하여 반성한다. 누구나 내면에 가시를 가지고 산다. 이훈자 시인은 “청어를 다듬다가 청어가시가 손톱 밑을 찔렀다 / 순간 그동안 나는 얼마나 뾰족한 말로 얼마나 많은 사람들을 찔러댔을까”라고 반성했고, “접시를 닦다가 싱크대에 부딪쳐 이가 빠져 쓰레기통에 버렸다 / 문득 이 없이 사시는 친정엄마는 생각났다. / 그동안 얼마나 많은 사람들에게 버림을 받았을까”라고 반성했다. 나는 「돌담장의 의미」란 시에서 “모나고 엉성한 담장을 쌓아놓고 / 시인이다 선생이다 위선했습니다”라고 반성했다. 여기서 ‘청어가시’, ‘이 빠진 접시’, ‘돌담장’은 모두 이유민 시인이 말하는 내면의 가시 같은 존재들이다. 대부분의 사람들은 “내 속에 가시가 많은가보다”라는 말조차 모른다. 아니 인정하지 않는다. 남을 찔러 아파하는 줄 모른다. 그리고 그 말이 되돌아와 나에게 비수가 됨 또한 모른다. 그런데 이유민 시인은 내가 가시가 있는 사람이고, 나로 인해 많은 상처를 받았을 사람들에게 ‘그동안 미안했다, 사과한다’ 그리고 시인은 가시에 찔린 사람을 보는 자신의 심장이 더 아프다고 반성하며 진한 사랑을 고백한다

마른 벽에 못을 박는다
벽이 울린다
벽이 아프다고 쩌렁쩌렁 울리는데

못 박는 내 가슴은 말없이 더 울렁거린다
받아달라고 받아달라고
마음을 다잡고 힘껏 내리친다

딱딱한 벽으로
돌아누운 당신의 등을 향해
수직으로 깊이 뿌리 내리고 싶은
내 아픈 사랑을 박는다

- 「당신에게 못을 박다」 전문

이 시 역시 앞서 예를 든 시 「가시나무 연가」와 같은 성찰시다. 20여 년 전 어느 문학지사에서 100명의 현역시인들에게 시를 쓰는 이유에 대하여 물었다. 시인들 대부분의 대답은 '자기구원'이라고 말했다고 한다. 시는 자기구원이다. 끊임없이 자기를 되돌아보고 성찰하여 나락으로 떨어지려는 수렁으로 빠져들려는 자신을 자기가 구원하는 것이다. 나는 제자들에게 "열심히 시를 쓰면 불효자도 없어지고, 이혼율도 줄며, 자살하는 사람도 없어진다"고 수없이 말해왔다. 날마다 "나는 누구인가?", "무엇을 하는 사람인가.", "나는 지금 어디로 가고 있는가?"에 대하여 질문을 던진다면 상대방을 아프게 하지도 상대방 가슴에 대못을 박지도 않을 것이다. 사람들은 가까운 사람들에게 가장 심한 상처를 받는다. 그래서 부부간에 이혼을 하고 형제들이 싸워 서로 연락을 단정하며 오가지 않는 경우를 자주 본다. 그런데 이혼이나 연락단절은 이유민 시인처럼 자신이 한 말이나 행동에 대하여 반성하고 성찰하지 않기 때문에 생기는 일들이다. 이유민 시인 같이 반성을 자주 하는 사람은 남편의 가슴에 못을 박는 말을 거의 하지 않을 사람으로 보인다. 이유민 시인이 남편에게 못을 박고 있다는 말은 배려의 말의 잦은 주문일 것 같다. 말하자면 귀에 못이 박히도록 말한다는 뜻으로 들린다. 아무튼 이 시에서 마른 벽이란 말을 잘 들어주지 않는 상대방에 대한 요구사항 같은 것이다. "양말 좀 제발 아무데나 벗어놓지 마요", "술을 마셔도 좀 며칠에 한 번씩 걸러서 드셔요", "부엌에 선반 하나 만들어줘요" 같은 주문이 쇠귀에 경 읽기처럼 공명으로 울릴 때 우리는 귀에 못이 박히도록 말을 했다고 한다. 대부분의 남편들은 큰 요구사항이 아닌 아주 사소하고 작은 말들을 들어주지 않는다. 아내가 바라는 것은 다이아몬드반지나 샤넬백이 아니다. 물론 그런 것도 때론 필요하긴 하지만, 아내가 진심으로 바라는 것은 자상한 남편이다. 심부름 잘해주고, 생일이나 결혼기념일을 챙기는 남편, 부엌에 함께 들어와 요리해주는 남편, 때론 어깨를 주물러주며 "당신 어머니 생신 차리느라 수고 많았어"라는 인정의 말이 아내들을 힘나게 한다. 하찮은 들꽃이라도 한아름 꺾어다주는 남편은 더없이 멋진 남편이 된다. 남편의 귀에 못이 되게 주문을 하는 아내는 그래서 못 박는 소리에 "벽이 울린다 / 벽이 아프다고 쩌렁쩌렁 울리는데 / 못을 박는 내 가슴은 말 없이 더 울렁거린다"고 말하는 것이다. 그리고 "딱딱한 벽으로 / 돌아누운 당신의 등을 향해 / 수직으로 깊이 뿌리 내리고 싶은 / 내 아픈 사랑을 박는다"고 말하는 것이다. 결국 아내가 잔소리를 하고, 주문을 하는 것은 남편들의 귀에다 사랑의 못을 박는 것이다. 그리하여 다른 여자들의 목소리를 듣지 못하도록, 나와 남편이 그 못으로 인해 일심동체로 붙어 떨어지지 못하게 하려는 것이다.

이상에서처럼 이유민 시인의 시 몇 편을 읽어보면서 그녀의 마음세계를 여행해보았다. 이유민 시인은 등단 이후 실로 오랜만에 첫 시집을 낸다. 그만큼 그녀의 시적 토양은 비옥했으며 그녀의 시적 숲에는 산새소리 물소리 들리고 편백나무가 빼곡히 자라고 있어, 그녀의 시집 『넝쿨주의보』란 숲을 거니는 동안 독자들은 피톤치드 가득한 삼림에서 삼림욕을 하며 마음껏 거닐 수 있었다. 살펴본 바와 같이 이유민 시인의 시는 다양하게 전개된다. 상상하는가 하면 알레고리를 만들고, 성찰하는가 하면 관찰자 입장에서 들여다보고 있다. 추상을 이미지화해 그림처럼 보여주는 것도 주목할 만한 시적 능력이다. 그러나 그녀 작품의 가장 주된 내용은 시적 진실, 그 불변의 진리를 여러 가지 사물과 사건으로 발현해내는 것이었다.

옛말에 수적석천승거목단(水滴石穿繩鋸木斷)이라고 했다. 이를 풀이하면 "물방울이 바위를 뚫고 끈으로 오래 톱질하면 나무를 자를 수 있다"는 뜻으로 이유민 시인이 어머니와 아내로서 가정에 대하여 충실하며, 이웃과 사회에 대하여 봉사하며, 그리고 개인의 작품성 제고를 위하여 작품활동을 게을리 하지 않고 인내를 가지고 열심히 하고 있어 대성할 수 있는 가능성을 보았다. 이처럼 첫 시집의 완성도가 출중할진대, 제2, 제3 시집이 기대되는 것은 자명한 일이다. 시집 상재를 진심으로 축하드린다.

이유민 시집

넝쿨주의보

초판인쇄일 2020년 12월 21일
초판발행일 2020년 12월 25일

지은이 : 이유민
발행인 : 김순진
편집장 : 전하라
디자인 : 김초롱
펴낸곳 : 도서출판 문학공원
등 록 : 2004년 3월 9일 제6-706호
주 소 : 우편번호 03382 서울 은평구 통일로 633
녹번오피스텔 501호 스토리문학사
전 화 : 02-2234-1666
팩 스 : 02-2236-1666
홈페이지 : http://cafe.daum.net/yob51
이메일 : 4615562@hanmail.net

※ 책값은 뒤표지에 있습니다.